INVENTAIRE
V43188

AF564136

LE PLAIN-CHANT

LITURGIQUE

DANS L'ARCHIDIOCÈSE D'AUCH.

SEPTEMBRE 1857.

PAR M. ALOYS-M. KUNC,

MAITRE DE CHAPELLE DE LA CATHÉDRALE D'AUCH.

« Abbrevietur Cantus quantum fieri poterit,
» quando super unam syllabam aut dictionem
» plures sint notulæ quam par sit. »

(Concil. Rhemense, 1564.)

AUCH,

CHEZ L'AUTEUR.

Dépôt chez E. REPOS, 8, rue Cassette, à Paris.

Janvier 1858.

V

LE PLAIN-CHANT LITURGIQUE

DANS L'ARCHIDIOCÈSE D'AUCH.

V

43188

DÉPOT LÉGAL
Basses-Alpes
N° 19.
1858

LE PLAIN-CHANT

LITURGIQUE

DANS L'ARCHIDIOCÈSE D'AUCH.

SEPTEMBRE 1857.

PAR M. ALOYS-M. KUNC,

MAITRE DE CHAPELLE DE LA CATHÉDRALE D'AUCH.

BIBLIOTHÈQUE IMPÉRIALE
IMPR.

« Abbrevietur Cantus quantum fieri poterit,
» quando super unam syllabam aut dictionem
» plures sint notulæ quam par sit. »

(Concil. Rhemense, 1564.)

AUCH,

CHEZ L'AUTEUR.

Dépôt chez E. REPOS, 8, rue Cassette, à Paris.

Janvier 1858.

INTRODUCTION.

—

CONSIDÉRATIONS PRÉLIMINAIRES.

Quel doit être, en général, le chant de la liturgie catholique en Occident? — Le plain-chant liturgique doit-il être grégorien, et dans quel sens doit-il l'être? — Quels sont les livres de chant qui doivent aujourd'hui servir à la restauration de la mélodie liturgique? — Y a-t-il un choix à faire parmi les éditions françaises de chant romain?

Ces questions font l'objet des quatre chapitres suivants et vont être traitées aussi succinctement que possible.

CHAPITRE PREMIER.

QUEL DOIT ÊTRE, EN GÉNÉRAL, LE CHANT DE LA LITURGIE CATHOLIQUE EN OCCIDENT?

Entre la musique moderne et le plain-chant, l'hésitation n'est pas possible, ni le doute, permis.

L'Église *tolère* et *réglemente fortement* la musique moderne dans nos sanctuaires (1), tandis qu'elle y prescrit d'une manière formelle l'emploi du plain-chant (2).

(1) Gerbert : *De cantu et musica sacra*, tome II, *pages* 230-233. En cet endroit de ce bel ouvrage, Gerbert rapporte et discute savamment tous les faits, relatifs à l'emploi de la *musique* dans les églises, qui se sont passés au Concile de Trente. Quant aux nombreuses mesures réglementaires qui entourent l'usage de la musique proprement dite dans la liturgie, on peut lire, entre autres documents, le curieux article publié à Rome, en janvier 1855, dans les *Analecta juris Pontificii*. Cet article intitulé : *Musique d'église dans Rome, d'après les édits des Cardinaux-Vicaires*, a été reproduit dans la *Revue de Musique ancienne et moderne* (Livraison d'octobre 1856, *pages* 621-623).

(2) Voir le texte de Benoît XIV, déclarant en termes très-précis que le Concile de Trente veut le plain-chant pour notre liturgie (*De la restauration du chant liturgique*, par M. l'abbé Cloet, *page* 20).

CHAPITRE II.

LE PLAIN-CHANT LITURGIQUE DOIT-IL ÊTRE GRÉGORIEN, ET DANS QUEL SENS DOIT-IL L'ÊTRE ?

L'unité, même dans le chant liturgique, n'a jamais cessé d'être le but constant des Souverains Pontifes (1).

Or, l'Église romaine, mère et maîtresse de toutes les autres, doit naturellement vouloir la propagation et le triomphe du genre de chant dont elle se sert elle-même. Ici, comme en toutes choses, l'unité doit venir d'elle; toute autre voie serait anormale. Mais, par cela même que l'Église romaine travaille *avec sagesse et prudence* à la diffusion de son chant liturgique, s'ensuit-il que ce chant doive être *purement* et *simplement* celui de S. Grégoire ?

(1) « Hæc semper fuerunt summorum Pontificum ardentissima studia, ut Romanæ Ecclesiæ ritus aliis ecclesiis approbarent ac persuaderent, rati, id quod erat, eas facilius in una fidei morumque concordia, atque in Romanæ Ecclesiæ obsequio persitituras, si eisdem cæremoniis, eademque sacrarum forma continerentur (Dom Mabillon, de liturgia gallicana, lib. 1. cap. 3, p. 18) ». — « Conveniens et congruum est unum esse in Ecclesia Dei psallendi modum (Bulle de saint Pie V: *Quod a nobis*, année 1568, en tête du Bréviaire Romain). »

Des auteurs actuels fort estimables ne craignent pas de l'affirmer et de le soutenir ; mais leur opinion nous paraît être une erreur capitale. Nous allons essayer de le démontrer.

On cite beaucoup de textes émanés des Papes et des Conciles, desquels il résulte, dit-on, que « l'Église a entendu et entend con-
» server le chant de S. Grégoire dans ses of-
» fices, et, autant que possible, défendre le
» texte du saint compositeur contre les alté-
» rations que les chantres, par la suite des
» temps, pourraient lui faire subir. » Or, il suffit de lire ces textes pour reconnaître qu'ils ne prouvent rien de semblable : on y recommande bien *le chant de l'Église romaine*, en général, mais non *celui de S. Grégoire*, en particulier.

Grâce à cette distinction qui est de la plus haute importance, S. Grégoire et l'Église restent dans la situation vraie qui convient à leur rôle respectif : S. Grégoire gouverne la chrétienté suivant les besoins de son époque, et l'Église, de siècle en siècle, agit de même et avec le même droit que le grand Pape, sous la direction de ses Pontifes romains. C'est dans ce sens incontestable qu'il faut entendre les textes allégués ; c'est dans ce sens que le

pape Agathon chargé saint Benoît Biscop, en 676, d'importer en Angleterre le chant *romain* tel qu'il existait alors : « *ut cursum ca-*
» *nendi annuum* SICUT AD S. PETRUM ROMÆ AGE-
» BATUR, *edoceret* »; c'est dans ce sens que le Concile de Cloveshoë, en 747, ordonne que « les solennités et les fêtes soient célébrées
» selon les règles de l'*Église romaine*... avec
» la psalmodie et le chant qui y correspond »; c'est dans ce même sens qu'il faut interpréter les témoignages où l'expression de *chant grégorien* pourrait tromper le lecteur, comme, par exemple, dans la bulle *Annus qui* où l'immortel Benoît XIV soutient que le chant liturgique n'est point celui qui est appelé musical (*qui musicus dicitur*), mais celui qu'élabora S. Grégoire (*quem elaboravit sanctus Gregorius*). Le Pontife fait ensuite l'éloge du chant grégorien : « *Qui si recte decenterque peraga-*
» *tur in Dei ecclesia*, dit-il, *a piis hominibus*
» *libentius auditur*, *et alteri qui musicus*
» *dicitur*, *merito præfertur*. » Il est évident qu'en 1749, année où Benoît XIV s'exprimait ainsi, le *chant grégorien*, tel que l'élabora S. Grégoire, n'était connu, chanté et apprécié *nulle part*, ni à Rome, ni ailleurs. Le titre de *chant grégorien* n'était donc donné au plain-

chant que pour marquer son origine, et lorsqu'on l'employait à propos d'unité liturgico-musicale, ce n'était, ce ne pouvait être qu'en vue de désigner *le chant en usage dans la liturgie romaine*, à telle ou telle époque, et abstraction faite des modifications de détails apportées à l'œuvre de S. Grégoire le Grand par la suite des âges. Sa Sainteté Pie IX, dans son bref à Mgr Parisis (24 novembre 1856), enseigne clairement cette vérité lorsqu'Elle dit : « *Novimus quantopere cupias, venerabilis Frater, ut ecclesiasticus, seu,* UT VULGO DICITUR, *gregorianus cantus in Galliæ ecclesiis instauretur.* » C'est, du reste, le sens donné aux mots *chant grégorien* par tous les auteurs qui en ont fait usage depuis trois siècles au moins.

Ceux qui soutiennent une opinion contraire, ne s'aperçoivent pas que le chant est une institution disciplinaire, et que leurs efforts tendent à lui donner toute l'immutabilité d'un dogme de foi : ce qui est inadmissible.

Ils ne se doutent pas, non plus, que leur théorie exagérée substitue, dans une question qui offre des solutions essentiellement variables, l'autorité d'un pape à l'autorité de l'Église.

Ils ne voient pas davantage que si l'œuvre

disciplinaire de S. Grégoire était *immuable dans son application*, il faudrait que l'Église ordonnât aujourd'hui d'enfreindre les règles de l'accentuation latine, — ce qui, en linguistique, serait aussi ridicule que de s'en tenir à certains détails de chant qui pouvaient plaire au septième siècle et au moyen âge, mais qui ne sont plus supportables aujourd'hui.

D'ailleurs, on ne voit pas pourquoi le chant dit *grégorien*, serait *plus immodifiable* que le texte sacré lui-même de la liturgie.... C'est pourtant ce qu'il faudrait conclure; mais on n'oserait aller jusque-là *en principe*, bien qu'*en fait* cette prétention soit évidente.

Enfin, les théoriciens que nous combattons, ont le tort grave, selon nous, d'etre plus exigeants que l'Église elle-même. Le Concile de Trente a laissé aux synodes provinciaux, et, en l'absence des synodes provinciaux, aux évêques, assistés au moins de deux chanoines, le soin de statuer sur la question du chant religieux (Sess. XXIV, cap. XII). Or, une telle latitude aurait-elle été laissée aux synodes provinciaux et aux évêques, s'il eût été dans l'esprit de l'Église de vouloir l'unique emploi du *chant grégorien* PUR dans nos offices divins? Nul n'aurait la témérité d'opposer une dénégation directe à ce grand fait historique; mais en revanche, on s'efforce de soutenir que le Concile de Trente n'a eu en vue que *la musique moderne*, et non le *plain-chant*. Comme si cette interprétation, en supposant qu'elle fût véritable, ne serait pas une plus grande preuve encore contre les partisans du chant grégorien *primitif*! comme si, depuis le Concile de Trente, tous les évêques du monde, et de la France en particulier, n'avaient pas introduit dans leurs diocèses un chant romain qui, sans doute, dérive du grégorien, mais n'en est qu'*une abréviation*! comme si, à Rome même, Paul V n'avait pas ORDONNÉ, en 1614-1615, un pareil travail d'abréviation du chant grégorien, pour les églises des États-Pontificaux(1)! comme si Notre Saint Père le Pape Pie IX, dont on commente tant certaines paroles, n'avait pas à sa suprême disposition un moyen bien simple de vider le différend qui agite la liturgie, en supprimant l'édition de Paul V, au lieu d'accorder à des éditeurs bien connus le privilége de la réimprimer pendant cinquante

(1) *Graduale... Iuxta ritum sacrosanctæ Romanæ ecclesiæ cum cantu Pauli V. Pont. max. iussu reformato. Cum privilegio. Romæ, ex typographia Medicæa* (2 vol in-fol).

ans! Or, il est notoire que cette édition de Paul V n'est qu'*un vrai squelette* de ce qu'on regarde comme le chant *grégorien* PUR.

De ce qui précède, il résulte :

1° Que le plain-chant liturgique doit dériver du chant grégorien considéré comme base de l'unité cantorale ;

2° Qu'en lui-même, le chant de S. Grégoire est une des formes du chant romain, mais rien de plus ;

3° Que cette forme a pu convenir à telle ou telle époque, sans qu'on puisse légitimement inférer de ce fait qu'il en doive toujours être ainsi ;

4° Que, particulièrement depuis le Concile de Trente, le chant romain s'est dégagé *partout*, plus ou moins, de certaines longueurs et de certaines imperfections qui se faisaient remarquer dans l'œuvre primitive de saint Grégoire ;

5° Que cette opération s'est faite avec le consentement des souverains pontifes, des évêques et des synodes ;

6° Qu'en présence de cette sanction de l'Église universelle, et JUSQU'A DÉCISION CONTRAIRE, nul ne peut trouver mauvais qu'on s'en tienne au chant romain en usage dans chaque pays, depuis le Concile de Trente ;

7° Que si quelques évêques ont donné leur approbation à de certaines restaurations du *chant grégorien pur*, d'autres prélats (et en grand nombre), persistent à préférer le chant romain établi par une tradition de plusieurs siècles et adapté aux besoins des temps modernes;

8° Enfin, qu'il est impossible de condamner les partisans du chant romain dont il est ici question, parce que ceux-ci, dans la thèse qu'ils soutiennent, n'avancent et ne produisent rien de *personnel*, et qu'ils peuvent invoquer l'axiome si juste et si célèbre : « *Melior est conditio possidentis.* »

CHAPITRE III.

QUELS SONT LES LIVRES DE CHANT QUI DOIVENT SERVIR AUJOURD'HUI A LA RESTAURATION DU CHANT LITURGIQUE?

Nous accueillons avec de profondes actions de grâces les paroles d'encouragement que Sa Sainteté Pie IX a daigné adresser « *à tous* » *ceux qui se font gloire de consacrer avec*

» *zèle et conscience leurs soins, leurs travaux* » *et leurs études au fidèle accomplissement de* » *la restauration du chant ecclésiastique, vul-* » *gairement dit grégorien.* (Bref de S. S. Pie IX » à Mgr Parisis, 24 novembre 1856.) »

Il nous est d'autant plus permis d'appuyer nos efforts sur ces paroles bénies et vénérables, que, tout en laissant à d'autres le soin de compulser et de réhabiliter les vieux manuscrits de chant liturgique, nous cherchons à faire triompher, en France, un chant ANALOGUE à celui que le Saint Père maintient à Rome par un privilége de 50 ans, accordé à M. le marquis C***. La conduite de Rome nous encourage; il devient manifeste, pour nous, que nous ne faisons point fausse route.

Les anciens manuscrits ne sont pas à dédaigner comme monuments et comme moyens de confrontation; mais, pour la pratique, et jusqu'à ce que l'autorité en décide autrement par un ordre formel, nous prendrons le parti des livres de chant liturgique édités depuis le Concile de Trente, à Rome, pour Rome, — en Belgique, pour la Belgique, — en France, pour la France, etc.

Nous n'avons pas à examiner ici le mérite respectif de ces éditions diverses; elles ont été faites avec l'approbation des évêques de chacune de ces contrées, et on y a eu égard aux habitudes et aux mœurs des peuples auxquels elles devaient servir : car bien qu'elles dérivent d'un fonds commun, qui est le chant grégorien, on y remarque, dans l'ensemble des détails, des différences caractéristiques. L'unité y domine : c'est le chant romain ; mais à Rome, la mélodie réformée par ordre de Paul V est d'un laconisme excessif, désespérant ; en Belgique, le chant romain nous offre encore des longueurs qui prouvent que l'abréviation des mélodies y a été faite avec timidité ; en France, la réforme des livres de chant se distingue par une sagesse qu'on ne saurait trop admirer, malgré les sarcasmes et les attaques de quelques restaurateurs actuels du chant liturgique.

En effet, nos *éditions* françaises tiennent le juste milieu entre celle de Paul V et celles de la Belgique. Au point de vue typographique, le *Graduale Romanum* de Paul V est un chef-d'œuvre hors ligne qui excite, même aujourd'hui, un étonnement profond ; et les productions du même genre qui ont vu le jour dans les ateliers des Moreti et des Plantin, à Anvers, sont dignes d'être considérées, sous beaucoup de rapports, comme d'excellents modèles par les typographes de notre époque. Quant aux livres de chant liturgique imprimés anciennement en France, il n'y a que l'édition des frères Le-Belgrands (Toul, 1624-1625), qui puisse entrer en comparaison avec l'œuvre romaine ou anversoise (1) ; mais en revanche et en dépit de leur exécution typographique, les livres français l'emportent sur tous les autres par les sages principes d'abréviation qui ont présidé à leur rédaction mélodique. Il est impossible, généralement parlant, d'apporter plus de prudence et de tact qu'on n'en a mis au service d'un pareil travail, surtout quand on songe que, d'une part, nos anciens synodes provinciaux, tenus à la suite du Concile de Trente, accordaient aux diocèses tout juste le temps d'imprimer ou de réimprimer leurs livres liturgiques en conformité avec les *constitutions* des Souverains Pontifes, et que, d'autre part, la *sage* direction donnée par l'épiscopat français à ce travail, et les hommes éminents qu'il y

(1) Il est à remarquer que les ennemis déclarés du chant abrégé en France, à la suite du Concile de Trente, n'ont *jamais* fait mention, dans leurs critiques, de cette édition qui a précédé de fort loin celle de Nivers et autres.

employa, produisirent un chant homogène dans ses abréviations, et identique dans ses éditions diverses pendant de longues années.

Cette dernière circonstance seule prouve, jusqu'à l'évidence, que notre ancien chant romain-français n'est pas l'œuvre de quelques hommes isolés et sans mission, agissant en dehors de l'autorité épiscopale. Il suffit d'ailleurs de parcourir les actes de nos synodes provinciaux (1), pour se convaincre que notre assertion n'est pas une simple conjecture, mais un fait incontestable qui devrait imposer un peu plus de réserve à ceux qui ont toujours, sur les lèvres ou sous leur plume, le mot de *vandalisme*, quand ils veulent battre en brèche LA SAGESSE DE NOS PÈRES.

Pour être imprimés, nos livres liturgiques devaient d'abord être approuvés par l'autorité épiscopale. Comment donc supposer que nos anciens livres de chant se sont implantés dans tous nos diocèses, en dépit des évêques, quand, par exemple, on lit dans les décisions du concile provincial tenu à Bordeaux en 1583:

(1) Odespun de la Meschinière: *Concilia novissima Galliæ, a tempore Concilii Tridentini celebrata*. Parisiis, Bechet, 1646, 1 vol. in-folio.

« *Omnibus.... typographis interdicimus, ne* » *quosvis libros de rebus sacris, et ad religio-* » *nem pertinentibus... antequam ab episcopo,* » *vel ab eodem delegato examinati, et manus* » *propriæ subscriptione approbati fuerint,* » *per se vel per alios excudere, et imprimere,* » *aut vendere audeant, aut etiam apud se re-* » *tinere. Præter amissionis librorum mul-* » *ctam, sciant se jam excommunicationis sen-* » *tentiam incurrisse* (1). »

Comment soutenir que nos anciens livres de chant liturgique romain ne sont pas l'œuvre de nos évêques, quand on lit dans le concile provincial de Tours, tenu en 1583 : — « *Monemus* (episcopos)... *Missalia, Brevia-* » *ria, Gradualia, aliosque libros ad divinum* » *cultum necessarios : quibus fere omnes ec-* » *clesiæ sunt destitutæ, ut exacte emendentur,* » *ad normam a Sede Apostolica et constitutio-* » *ne sanctæ memoriæ Pii quinti præscriptam* » *et infra annum, eorum qui ex consuetudine* » *provinciæ ad id tenentur impensis impri-* » *mantur, procurare* (2). »

Comment ne pas reconnaître que l'œuvre

(1) Odespun, *opere citato*, p. 309.
(2) *Ibidem*, p. 349.

de nos évêques a dû être admirable d'ensemble et d'unité, quand on lit dans le concile provincial d'Aix, tenu en 1585 : — « *Cupiens* » *hæc sancta synodus ut omnes ecclesiastici* » *hujus provinciæ, unanimes, uno ore, tam in* » *ecclesiis, quam privatim, honorificent Deum* » *ac patrem Domini nostri Jesu-Christi.....* » *statuit* (libros) *ad usum romanum aptari et* » *reconcinnari, impensis totius cleri unius-* » *cujusque Diœcesis* (1). » Cet ensemble et cette unité étaient le but de tous nos conciles provinciaux, et l'on est profondément ému de ces belles paroles du synode provincial de Narbonne qui disait en 1609 : — « *Ut in omnibus* » *unitas sit in ecclesia quæ una est : a quibus-* » *cumque ecclesiasticis tam metropolitanæ,* » *cathedralium, collegiatarum, aliarumque* » *ecclesiarum officium recitari in choris et ec-* » *clesiis decantari præcipimus et mandamus,* » *juxta ritum, ordinem et formam a felicis* » *memoriæ Pio hujus nominis quinto, præ-* » *scriptam* (2). » Le concile provincial de Bor-

(1) Odespun, *op. cit.*, p. 458. Voir aussi ce texte dans l'ouvrage de Bochel, intitulé : *Decretorum Ecclesiæ Gallicanæ ... libri* VIII. Paris, in-fol., 1609, p. 93.

(2) Odespun, p. 610.

deaux n'était pas moins admirable, en 1624, lorsqu'il disait : — « *Cum una sit fides men-* » *tium, ordoque et convenientia in omnibus Ex-* » *celsi operibus prælucentes postulent, uno ore* » *etiam, unaque forma, voce et modulatione in* » *divinis laudibus decantandis utamur* (1). »

Comment ne pas avouer que l'unité liturgique, réalisée en France par nos évêques à la suite du Concile de Trente, avait pour assise ces vénérables évêques eux-mêmes réglant tous les détails de cette unité qui, sous le rapport du chant, est aujourd'hui le point de mire de violentes critiques ? Comment ne pas l'avouer, disons-nous, lorsqu'on lit dans nos conciles provinciaux des prescriptions semblables à celles-ci :

I. « *Quantum ad prolixiorem prolongatio-* » *nem cantus in ultima syllaba cujuslibet anti-* » *phonæ, qui cantus vulgariter* pneuma *voca-* » *tur, quoniam in eo multum temporis inutili-* » *ter absumi videtur, quod de cætero pneuma* » *fiat in ultimis Antiphonis Vesperarum, no-* » *cturnorum,* Magnificat *et* Benedictus. *Simi-* » *liter abbrevietur cantus quantum fieri pote-* » *rit, quando super unam syllabam aut dictio-*

(1) Odespun, p. 634.

[library stamp]

» *nem plures sint notulæ quam par sit. Simi-* » *liter quod in cantu habeatur ratio litteræ* » *seu verborum debitæ pronuntiationis, et* » *quantum fieri poterit observentur quanti-* » *tates* (1). »

II. « *Tollatur illa prolixitas,* dit le synode » provincial de Cambrai, de 1565, *quæ ad* » *rem non pertinet, qua solent in fine anti-* » *phonarum in cathedralibus ecclesiis maxi-* » *me prolixius abuti* (2). »

III. « *In officiis divinis observari volumus,* » dit le concile provincial de Reims, tenu » en 1583, *ne in producendis syllabis aut di-* » *ctionibus, per numerosiorem notularum so-* » *num tempus consumatur; neve* Neuma *in fine* » *singularum antiphonarum, sed in ultimis* » *tantum apponatur : et lex accentuum, atque* » *syllabarum quantitas exacte teneatur* (3). »

(1) Odespun, pages 22 et 23 : Concile provincial de Reims tenu en 1564 sous le cardinal de Lorraine. — M. l'abbé Jules Bonhomme, comme s'il n'avait jamais eu sous les yeux le texte complet du concile de Reims de 1564, ne fait dire à ce concile que le tiers de ce qu'il a dit. Une pareille argumentation est commode, mais non sérieuse. (Voir les *Principes d'une véritable restauration du chant grégorien*, par l'abbé Bonhomme, Paris, 1857, in-8°, pages 40-41).

(2) Odespun, *opere citat.* p. 130.

(3) *Ibidem.* Voir aussi l'édition in-8° de ce Concile, Reims, 1585, folio 6 verso.

Comment ne pas voir, dans cet ensemble de faits, la réalisation des devoirs imposés aux évêques dans la XXIVe session du Concile de Trente, session que plusieurs critiques ne semblent pas avoir lue, puisqu'ils la citent mal, les uns d'après les autres, et où ils font intervenir le mot « musique » (*musica*) dont il n'est nullement question? Voici le passage dont il s'agit : « Quant aux autres choses qui regar-
» dent la conduite de l'Office divin, la bonne
» maniere de chanter et de psalmodier qu'on
» y doit observer, les regles qu'il faudra garder
» pour s'assembler au Chœur, et pendant
» qu'on y sera, et tout ce qui concerne les
» Ministres de l'Eglise, ou autres choses
» semblables : le synode provincial en pres-
» crira une formule, selon qu'il sera plus utile
» à chaque Province, et suivant l'usage du
» païs. Cependant (*en attendant*) l'Evêque,
» assisté au moins de deux Chanoines, dont
» l'un sera choisi par lui, et l'autre par le
» Chapitre, pourra donner ordre aux choses
» qu'il jugera à propos (1). »

(1) *Le Saint Concile de Trente œcuménique et général....* traduit par M. l'abbé Chanut, 3e édition, Paris, in-12, 1686, *pp.* 339 et 340.

Voici le texte latin : « Cetera, quæ ad debitum in divinis officiis re-

Si, au seizième et au dix-septième siècles, nos conciles provinciaux n'ont pas réglé le chant liturgique en vertu des pouvoirs que leur avait accordés le saint Concile de Trente, — qu'on veuille bien nous dire en vertu de quel droit ils ont agi ?

En attendant une réponse à cette question, nous dirons que l'on oublie constamment une chose dans toutes les polémiques relatives au chant romain de nos vieilles éditions : c'est que ces éditions ont été exécutées d'après les décrets de nos synodes provinciaux, et que ceux-ci ont été APPROUVÉS et CONFIRMÉS par les Souverains Pontifes. Ainsi, par exemple, quand le concile de Reims ordonnait, en 1583, d'abréger les trop longues suites de notes qui se trouvaient sur les syllabes ou sur les mots ; quand il ordonnait de restreindre l'emploi des neumes ou vocalises à la fin des antiennes ; quand

» gimen spectant, deque congrua in his *canendi* seu *modulandi* » ratione, de certa lege in choro conveniendi, et permanendi, simul- » que de omnibus Ecclesiæ ministris, quæ necessaria erunt, et si qua » hujusmodi, Synodus provincialis, pro cujusque provinciæ utilitate » et moribus, certam cuique formulam præscribet. Interea vero Epi- » scopus non minus quam cum duobus canonicis, quorum unus ab » Episcopo, altera capitulo eligatur, in iis, quæ expedire videbuntur, » poterit providere (*Sacrosancti... Concili Tridentini... canones* » *et decreta...* sess. XXIV, cap. XII). »

il ordonnait d'observer l'accentuation latine, contrairement à ce qui s'était fait jusqu'alors dans le plain-chant proprement dit, — il était sûr de ne point opérer des réformes désagréables au Saint-Siége, puisque, le 30 juillet 1584, le pape Grégoire XIII écrivait au Cardinal de Joyeuse : « *Dilecte fili noster, salutem, et apo-* » *stolicam benedictionem. Mandavimus decre-* » *ta Synodi provincialis archiepiscopatus tui,* » *quæ ad nos misisti, per venerabiles fratres* » *nostros sanctæ ecclesiæ cardinales super* » *dubiis in materia Concilii Tridentini occur-* » *rentibus deputatos diligenter cognosci, at-* » *que, ubi opus esset, emendari. Remittimus* » *nunc eum librum emendatum,* etc. (1). »

Nous avons donc, ce nous semble, quelque droit et quelque raison de soutenir que les sources PRATIQUES où il convient de puiser aujourd'hui en France le chant de la liturgie romaine, ne sont pas les manuscrits antérieurs au Concile de Trente, mais bien les éditions de ce chant qui ont été faites par ordre et sous la direction de nos conciles provinciaux, au seizième et au dix-septième siècle.

(1) Concilium provinciale Rhemense... anno Domini 1583. Rhemis excudebat Joannes de Foigny, sub Leone, 1585. in-8°, folio 65 recto et verso. Cf. Odespun, *op. citat.*.

CHAPITRE IV.

Y A-T-IL UN CHOIX A FAIRE PARMI LES ÉDITIONS FRANÇAISES DE CHANT ROMAIN ?

Bien que toutes nos éditions françaises de chant romain nous offrent, au fond, le caractère d'une imposante unité, il n'en faut pas conclure cependant qu'elles sont toutes également bonnes au point de vue où la critique doit aujourd'hui se placer.

La polémique contemporaine, actuelle, a singulièrement éclairé le terrain du plain-chant depuis quelques années. Il est donc tout naturel de profiter des enseignements *solides* qu'elle nous a fournis sur cette question.

Le premier de ces enseignements, c'est que la typographie n'a pas pu, à son berceau, nous donner des œuvres matériellement exemptes de toute imperfection. Il fallait alors créer des caractères d'impression mobile, imiter par la presse la dextérité de la main des calligraphes, et soumettre l'idéalisme de l'artiste aux lois d'une sorte de matérialisme stéréotypé; il fallait aussi viser à la reproduction économique d'une notation dont les détails, à cette époque, coûtaient des sommes énormes. Entre l'enfance de la typographie et la perfection qu'elle a conquise laborieusement de nos jours, il n'y a pas un abîme, il y en a plusieurs.

Ensuite, aux siècles précédents, l'idée prédominante n'était pas généralement d'apporter à l'impression de la musique et du plain-chant le soin minutieux dans les détails que l'on admire maintenant dans les travaux analogues. Le grand but, c'était de sauver alors d'une ruine imminente et complète les manuscrits en lambeaux ou les incunables rares et mutilés de nos églises. C'est là une vérité que l'on ne peut mettre en doute, si l'on prend la peine de parcourir les décrets de nos anciens synodes provinciaux.

Aujourd'hui, grâce aux progrès admirables de la typographie, non-seulement on veut l'ancien fonds mélodique des éditions de plain-chant du seizième et du dix-septième siècle, mais on exige encore ces perfectionnements de détails, cette beauté de forme plastique, ces moyens pratiques de simplification dans la lecture que l'on rencontre partout, dans les autres productions de l'imprimerie.

En sorte que reproduire purement et simplement les anciennes éditions de plain-chant, ce ne serait ni un gage de perfection, ni une œuvre d'utilité générale. Le fonds serait bon, mais la forme laisserait à désirer. On est devenu exigeant. Est-ce un bien? est-ce un mal? Nous croyons que c'est un bien.

En présence de ces considérations, on peut légitimement conclure que la réimpression pure et simple d'une ancienne édition de chant liturgique n'aurait pas de chance de succès aujourd'hui ; mais nous croyons aussi que les éditions d'ancien chant romain-français, entreprises de nos jours, ne sont pas toutes également acceptables.

Parmi ces nouvelles éditions, les unes ont dit leur dernier mot ; mais d'autres, moins parfaites en apparence, vont profiter de tout ce que la polémique exige avec raison, et s'enrichiront nécessairement des perfectionnements déjà mis en œuvre dans d'autres éditions. Et, parmi ces éditions récentes, les unes ont adopté une forme typographique qui s'éloigne plus ou moins des vraies traditions de l'ancien chant romain usité en France, tandis que les autres, mieux inspirées, ont un fonds excellent et se proposent de le mettre en relief par une forme qui réunira tous les perfectionnements pratiques exigés en ces derniers temps.

Nous ne parlerons pas des éditions où l'on entreprend d'appliquer au texte de la liturgie romaine les chants, même les meilleurs, actuellement en usage dans les liturgies particulières des divers diocèses de la France qui sont cependant décidés à se convertir au romain. Ces éditions anormales trouvent leur condamnation dans une lettre qu'a reçue de Rome son Éminence Monseigneur le Cardinal Mathieu, archevêque de Besançon, où il est dit : « .... *Sanctissimo Domino nostro Pio* » *Papæ IX maxime cordi esse ut cum romana* » *liturgia* GREGORIANUS *cantus adoptetur* » (27 novembre 1856.) (1) »

(1) Voir note A.

DECISION

DE

SA GRANDEUR

MONSEIGNEUR DE SALINIS,

ARCHEVÊQUE D'AUCH.

Le 21 septembre 1857, Mgr de SALINIS, archevêque d'Auch, réunissait en synode diocésain la grande majorité des prêtres de son archidiocèse. Au nombre des importantes et sérieuses questions qui devaient être traitées dans ce synode, celle de la liturgie romaine n'était pas la moindre, et le choix d'une édition de livres de chant romain devait nécessairement se présenter. Aussi, les séances consacrées à cet examen furent-elles pleines d'intérêt par les études savantes et approfondies qu'elles révélèrent dans les deux partis, dont l'un demandait l'édition rémo-cambraisienne, l'autre, le chant romain traditionnel en France depuis le Concile de Trente.

Dans la séance préparatoire à la Congrégation générale, la Commission nommée à cet effet par Mgr l'Archevêque entendit la lecture du Mémoire suivant sur le choix d'une édition de livres de chant romain. Les opinions furent quelque peu partagées jusqu'au lendemain, où tous les membres du synode devaient être appelés à se prononcer dans la Congrégation générale.

Mgr l'Archevêque d'Auch savait déjà que presque tout le clergé de son archidiocèse était pour l'adoption du chant traditionnel en France, qui, depuis quelques années à peine, venait d'être abandonné dans l'ancien diocèse de Lectoure, pour celui de la liturgie particulière du diocèse d'Auch dont l'évêché de Lectoure faisait désormais partie. Cependant, ne voulant imposer en rien son autorité, Sa Grandeur Mgr l'Archevêque déclara de nouveau la discussion libre sur ce sujet. Les défenseurs de l'un et de l'autre parti combattirent vaillamment; mais, après le savant et admirable résumé de Sa Grandeur Mgr de Salinis, que nous regrettons vivement de ne pouvoir donner ici, la victoire n'était plus douteuse, et MM. les membres du synode, *à une immense majorité*, acclamèrent l'adoption du chant traditionnel en France.

Restait à décider quelle édition de chant romain traditionnel en France, depuis le Concile de Trente, devait être définitivement en usage dans l'archidiocèse. Le 16 novembre 1857, Mgr l'Archevêque, de concert avec les vénérables membres de son chapitre métropolitain, sur les rapports favorables qui lui avaient été faits, adoptait pour son archidiocèse, et exclusivement à toute autre, l'édition de livres de chant romain que termine en ce moment l'infatigable éditeur de Digne, M. Repos.

Nous le savons, une telle détermination de la part de Mgr l'Archevêque d'Auch, est d'un bien grand poids dans la solution de la question qui préoccupe tant la France et le monde religieux; et nous ne doutons pas que l'exemple de notre illustre Prélat, suivi par tous les diocèses de la Province ecclésiastique d'Auch et les autres diocèses qui n'ont pas encore pris un parti définitif, n'amène, dans un temps plus ou moins prochain, l'unité si désirable de chant liturgique, au moins dans tout le midi de la France.

Telles sont nos convictions; tels sont nos vœux : en Dieu seul est toute notre confiance! Heureux serions-nous, si, par nos faibles travaux, nous pouvions quelque chose pour la glorification de son saint nom!

ALOYS-M. KUNC,

Maître de Chapelle de la Cathédrale.

Auch, 18 *novembre* 1857.

MÉMOIRE

SUR LE CHOIX D'UNE ÉDITION

DE LIVRES DE CHANT

ROMAIN,

PRÉSENTÉ AU SYNODE D'AUCH,

RÉUNI SOUS LA PRÉSIDENCE

DE MONSEIGNEUR DE SALINIS,

ARCHEVÊQUE D'AUCH,

Le 21 septembre 1857.

Non te offendat auctoritas scribentis......,
sed amor puræ veritatis te trahat ad legendum.
(Imit. Christi, lib. 1. cap. V.)

MONSEIGNEUR,

Messieurs,

I. La question du choix d'une édition de livres de chant romain peut être considérée sous plusieurs rapports très-importants :

1° Au point de vue des fidèles eux-mêmes à qui l'on donne le chant romain en échange d'un chant local auquel ils sont habitués;

2° Au point de vue de l'unité liturgique;

3° Au point de vue de l'art musical.

II. Il ne m'appartient pas d'entreprendre l'examen des deux premiers points. Tout ce que je puis dire, c'est que, en revenant au Romain, plus on y trouvera de relations musicales avec les chants particuliers que l'on quitte, moins le sacrifice des habitudes enracinées dans les masses sera lourd ; c'est que plus on écartera les amours-propres *vivants*, pour s'attacher au chant romain qui est l'œuvre de l'Église de France *depuis des siècles*, plus on sera certain d'obtenir l'unité.

III. Je laisse à de plus habiles le soin de développer ces considérations d'un ordre supérieur. La seule théorie, que je demande la permission de défendre, c'est la valeur musicale relative des différentes éditions de chant romain qui s'offrent à votre choix. Je n'ai point la témérité d'imposer à personne mes opinions, mais j'espère que l'on voudra bien m'accorder quelque indulgence pour l'exposition consciencieuse que je vais en faire.

IV. Les éditions rivales de chant romain se présentent à l'artiste avec deux prétentions bien distinctes, bien formulées. Les unes veulent le retour pur et simple au chant liturgique recueilli par saint Grégoire lui-même ; les autres, partant de ce chant, et le considérant comme source et principe de toute véritable mélopée religieuse, croient que plusieurs Papes et plusieurs synodes diocésains, à la suite et sous l'influence du Concile de Trente, ont rendu un immense service à la liturgie romaine, en ordonnant d'abréger et de simplifier le chant de saint Grégoire.

V. Ces Papes et ces synodes se sont-ils trompés en ordonnant cette simplification? Comme catholique, je ne le crois pas ; comme musicien, je le crois moins encore. Je n'ignore pas que de vénérables Prélats veulent aujourd'hui le chant grégorien avec toutes ses longueurs. Ces Prélats ont assurément le droit de décider cette question selon les lumières de leur conscience pour leur diocèse respectif. Le Concile de Trente leur a donné ce droit, *à défaut d'une décision du synode provincial* (session XXIV, chap. 12), et il n'appartient à personne de le leur contester.

VI. Cependant, considérée d'une manière abstraite et au point de vue musical, la question peut être élucidée sans inconvenance à l'endroit de l'autorité épiscopale. Je m'arrête donc à ce point de vue, le seul qui puisse guider un musicien dans ses appréciations personnelles.

VII. Ceux qui veulent le *grégorien pur* se fondent sur les raisons suivantes :

1° Saint Grégoire a recueilli un chant liturgique qui convient à tous les âges *jusqu'à la fin du monde*, non pas seulement si on le considère *dans ses bases essentielles*, mais même *dans ses moindres détails* ;

2° On doit d'autant plus tenir au chant grégorien pur, qu'il est l'œuvre du moyen âge, et que le moyen âge seul est *le dépositaire du beau en fait de musique sacrée* (1).

VIII. Or, avec un peu d'attention, il est impossible de ne pas s'apercevoir que ces deux raisons ne sont pas même spécieuses, loin d'être solides.

Et d'abord, comment peut-on confondre saint Grégoire avec l'Église tout entière, l'Église de tous les temps et de tous les lieux? Saint Grégoire a paré aux nécessités de son époque, comme l'ont fait d'autres Pontifes, en d'autres temps, pour les matières de discipline ecclésiastique.

A la fin du sixième siècle, l'accentuation

(1) *Remarques critiques* de M. Cloet, chap. V, *page* 33.

latine était constamment violée dans les morceaux de plain-chant proprement dit, et, en présence des barbares qui inondaient le monde romain, on pouvait impunément chanter, par exemple, UN GRAND NOMBRE DE NOTES sur la deuxième syllabe des mots Dó*mi*ne, pó*pu*lus, án*ge*los, etc., etc. Aujourd'hui cela n'est plus possible, et les partisans les plus enthousiastes du *grégorien pur* n'oseraient soutenir le contraire, car les ennemis de notre sainte religion en auraient une trop facile occasion de la poursuivre de leurs insolents sarcasmes.

A l'époque de saint Grégoire, la foi était vive, profonde, et la discipline ecclésiastique, sévère. La religion s'emparait avec puissance de la vie des convertis et des fidèles, et leur faisait oublier complétement les choses de ce monde. Les barbares pillaient tout; les chrétiens se consolaient dans les sanctuaires. Le commerce, cette grande artère des temps modernes, n'existait point. On pouvait donc s'enfermer dans les temples pour y oublier les maux publics, et y entendre des chants interminables.

Aujourd'hui tout a changé de face : c'est l'activité, c'est la locomotion, c'est la ruche d'abeilles où tout le monde travaille, s'agite et produit. Et c'est ce qui a fait dire à M. Ludovic Vitet, l'un de nos plus savants et spirituels académiciens: « La commission de Reims » et de Cambrai a constamment oublié deux » choses: *ce qu'étaient nos pères au septième » siècle, ce que nous sommes aujourd'hui* » (Journal des Savants, févr. 1854, *p.* 93). » (1)

IX. Cette simple réflexion est aussi juste que profonde. Quiconque la voudra nier, niera l'évidence. Elle est d'ailleurs en rapport intime de conformité avec la décision que nos synodes provinciaux ont émise à la suite du Concile de Trente: l'ABRÉVIATION DU CHANT....! Un artiste catholique peut donc la défendre comme une thèse d'autant plus soutenable, qu'elle est appuyée sur l'exemple même de Rome en ces derniers siecles (2).

X. On objecte que les longueurs du chant grégorien sont aussi courtes, *exécutées rapidement*, que le chant abrégé *dit avec lenteur et à notes pesamment égales.* Cette objection porte en elle-même sa réfutation, et je ne m'y arrêterai pas.

(1) Voir les notes B et C.

(2) Voir les notes D et E.

XI. Mais quant à soutenir que le chant primitif de saint Grégoire est le plus beau de tous ceux connus sous le nom général de *chant romain*, — c'est autre chose.

Pourquoi le plus beau? C'est, dit-on gravement, parce que le moyen âge est la seule source du BEAU musical religieux.

Une pareille assertion est par trop énorme, pour ne pas soulever *a priori* les dénégations les plus formelles. Laissons au moyen âge sa foi vive, mais ne déifions pas son goût musical particulier. Si les sacrements sont faits pour les hommes, et non les hommes pour les sacrements, on me permettra bien de dire que la musique d'aucune époque n'a le droit de prétendre s'inféoder à toutes les époques, quelque belle que soit cette musique; encore moins faudrait-il nous imposer comme des chefs-d'œuvre, en plein dix-neuvième siècle, des mélodies dont les détails sont réellement répugnants pour des oreilles modernes.

On vante le moyen âge comme le type du BEAU musical, et l'on soutient que le *grégorien* PUR est au-dessus de tous les autres chants liturgiques!

Veut-on la preuve que cela n'est pas? Elle est extrêmement facile à donner, et plus facile encore à comprendre : il suffit d'emprunter une citation au fameux manuscrit de Montpellier, d'y ajouter la traduction en notes ordinaires, et de la chanter aussi bien que possible. De quelque manière qu'on s'y prenne pour en faire sentir les *admirables beautés*, les hommes qui ne sont ni prévenus, ni aveuglés, seront contraints d'avouer qu'un pareil chant renferme assez d'opium pour endormir profondément les fidèles les plus pieux et les plus robustes.

Je prendrai le verset du graduel MISIT DOMINUS (du 2e dimanche après l'Épiphanie.)

Voici d'abord ce verset, d'après le Manuscrit de Montpellier (folio 92.)

f f h kh kh kh kkkh kh kh
℣. Confi-te-an-

kkklkh kh kkk k k k lkkkh
tur Do-mi-no

khkghigf kk mlk f f hg hk k lkkkk
mise-ri-cor-di-æ

lkilmlkmnmk lmliklkkhkikhgf hf
e-

hgf hfghikl kilmlki kih h khk k l
jus et mi - ra-bi-

kl kk kk kk mli khg hkk lki k kk
li - a e- jus fi-

klkh h hklm ki kkh kkh kkh fghkk
li- is ho- mi-num.

lmikh gihf.

Maintenant, souvenons-nous que cette notation alphabétique représente les notes depuis  (*a*) jusqu'à  (*p*) et que l'*i droit* est le *si naturel*, et l'*i couché*, le *si bémol*  (ce qu'a oublié le P. Dufour dans son *Mémoire sur les chants liturgiques*, p. 4). Puis, traduisons ce curieux spécimen en notes carrées, et chantons-le en faisant appel à toute la science de l'art musical, au moyen de brèves, de longues, d'appogiatures et de tous les ornements mélodiques imaginables et possibles. Qu'arrivera-t-il? Il arrivera que le fanatisme le plus obstiné sera forcé de proclamer lui-même qu'un pareil chant a été justement abrégé dans les derniers siècles, à la suite du Concile de Trente, parce que nos mœurs ne sont plus capables d'endurer un pareil supplice, véritablement au-dessus des forces humaines.

Vous allez en juger :

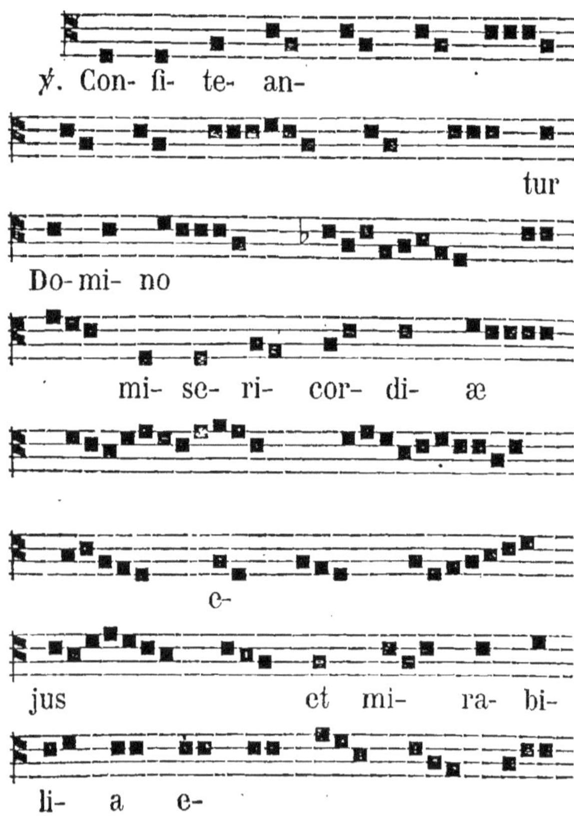

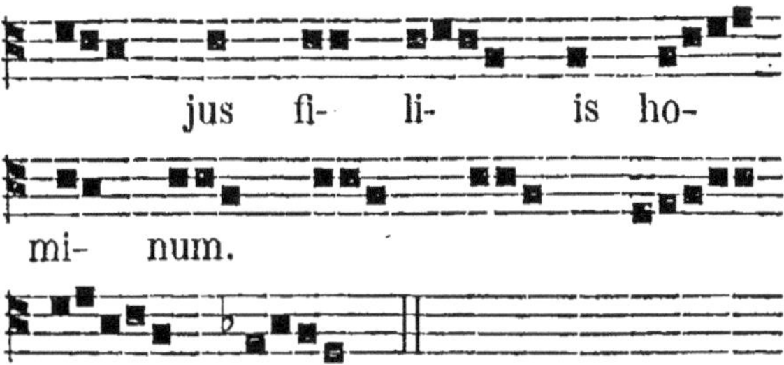

Et qu'on veuille bien le remarquer: ce singulier morceau de *chant* n'est pas seulement conforme au manuscrit de Montpellier, mais encore à plusieurs autres qu'a cités le P. Dufour, et *à tous les manuscrits* qui ont vu le jour avant le seizième siècle; et non-seulement le *Misit Dominus* est dans ce genre, mais encore presque tout le *grégorien pur* lui ressemble ; et le mauvais goût musical y est tellement à son comble, que la commission Rémo-Cambraisienne elle-même n'a pas osé reproduire tous ces détails. Cette commission les a abrégés, mutilés, arrangés; pendant qu'elle défendait une thèse emphatique, elle déguisait la plaie de cette thèse, et détruisait d'une main ce qu'elle établissait de l'autre. Elle s'était trop avancée *en théorie*; elle a donc battu en retraite le plus adroitement possible *dans la pratique* : on voit, on comprend qu'après avoir dit *oui*, on ne voulait pas avoir l'air de dire *non*; mais en réalité, on comprend aussi que l'illusion est un point de départ fort dangereux.

Dans son enthousiasme archéologique, la commission de Reims s'imaginait avoir trouvé le *beau* idéal. Or, ce *beau* idéal pouvait être tel il y a dix siècles; mais, aujourd'hui, pareille appréciation n'est plus permise. C'est ce qui explique, pourquoi, comme le dit le P. Dufour, on peut citer plusieurs curés qui, *dans tel diocèse du centre*, ont pris le parti violent de *barrer* ou de *gratter*, sur leurs livres de lutrin, les interminables kyrielles de notes qui accablent l'édition de Reims et de Cambrai (Mémoire du P. Dufour, *p.* 2). Que serait-ce, si ces curés avaient EN SON ENTIER *le collier bien grenu de toutes les notes du chant grégorien!*

XII. Le chant publié par la commission Rémo-Cambraisienne me semble donc basé sur des fondements peu solides. On a proclamé le grégorien pur *admirable dans tous ses détails*, et à ce point de vue, au lieu d'être admirable, il est pénible à entendre. On a voulu ressusciter tous ces détails, et on ne l'a pas fait; au contraire, on a mutilé soi-même l'œuvre de ses prédilections, à tel point que la première édition du chant Rémo-Cambraisien ne ressemble nullement aux antiques manuscrits ; et que « *la seconde édition a presque annulé la* » *première* (Mémoire du P. Dufour, *p.* 29. » Le principe, proclamé d'abord, reste toujours comme un étendard; mais, en fait, il reçoit discrètement de terribles coups de sape de la main de ses propres défenseurs, qui n'ont besoin de personne pour modifier le lendemain ce qu'ils ont fait la veille.

XIII. Le *Graduel* de Reims ne contient, en définitive, ni le chant de saint Grégoire, ni le chant romain usité en France depuis des siècles : c'est une œuvre *mixte*, ayant la prétention d'être *pure*; c'est quelque chose de *particulier*, offert comme quelque chose *d'authentiquement grégorien*; c'est un chant qui n'est ni l'*ancien* ni le *nouveau*; disons le mot : c'est un *chant bâtard* qui ne contente pas les savants, et déroute le clergé et tous les fidèles. Il est tellement en opposition avec nos habitudes liturgico-musicales, que ceux qui l'acceptent avec engouement, trouvent bientôt dans leur cœur une amère déception, et dans les masses, une répugnance invincible (1).

(1) Voir la note F.

Je ne dis rien de l'*Antiphonaire* de Reims et de Cambrai : c'est tout simplement la reproduction plus ou moins fidèle d'un manuscrit du treizième siècle, (ce n'est point le siècle de saint Grégoire, assurément).

XIV. Les motifs qui servent de base à l'opinion des partisans du *grégorien pur*, viennent, je crois, d'être réduits à néant par les considérations mêmes sur lesquelles s'appuient les partisans du *grégorien conservé dans son essence, mais modifié dans ses détails.*

XV. Ce qui fait la force incontestable de ces derniers, c'est l'initiative de l'Episcopat français agissant, il y a près de trois siècles, en vertu du concile de Trente; c'est l'évidence de la nécessité des modifications elles-mêmes apportées alors dans le *tissu prolixe* du chant dit grégorien; c'est une tradition de trois cents ans enracinant la réforme dans les masses, et le goût moderne incompatible ici, et à juste titre, avec des antiquités musicales qui n'ont d'autre mérite que d'être surannées. On a beau faire du sentimentalisme dans cette question si grave au point de vue de l'art, ce sentimentalisme n'a que deux résultats possibles : c'est de nous imposer comme *beau* ce qui vraiment ne l'est pas, et c'est aussi de revêtir le plain-chant, déjà si opposé aux tendances de l'art, de détails tellement passés de mode, qu'on le tuerait fatalement, au moment même où l'on veut le conserver, et le faire servir à la manifestation populaire de l'unité liturgique. Je me trompe fort, ou les partisans du *grégorien abrégé* ont grandement raison. Pourquoi? je viens de le dire, Messieurs; mais je comprends la nécessité de rendre sensible, palpable, matérielle, mon humble opinion d'artiste musicien. Or, je suis au dix-neuvième siècle, l'art mondain m'apparaît avec tous ses progrès et tous ses charmes; cet art est devenu, comme l'a fort bien dit M. Joseph d'Ortigue, une condition physiologique de notre nature, absolument comme notre idiome maternel. Or, le plain-chant repose sur des principes constitutifs qui ne sont pas tout-à-fait conformes à notre éducation musicale, *à notre existence chantante*, passez-moi l'expression. Il en résulte donc que faire vivre simultanément la tonalité du plain-chant et celle de notre musique moderne, est chose difficile, mais enfin chose possible, avec certains ménagements; tandis que, au contraire, revenir au septième siècle, rendre le plain-chant cent fois plus sévère et plus étrange qu'il ne l'est par lui-même, par sa constitution, par sa tonalité, — mettre sur nos oreilles le vêtement bigarré qui faisait les délices des oreilles du moyen âge, c'est une entreprise au-dessus des forces humaines. On peut vanter, raccommoder, imposer même *ce vêtement*; la nature étant plus forte que l'idéalisme, elle ne tardera pas à reprendre ses droits. C'est, du reste, ce qui arrive dans les diocèses où l'enthousiasme de l'archaïsme à fait adopter les livres de chant Rémo-Cambraisien.

XVI. Donc, *le grégorien abrégé*, c'est-à-dire, la tonalité du plain-chant, austère, grave, religieuse, contrastant avec celle de l'art moderne, tonalité mondaine, légère et sensualiste, et quant aux détails, rien qui nous jette dans un monde qui a fait son temps, comme aussi rien qui nous jette dans un monde qui ne convient pas au culte; en un mot, ni le *goût ancien*, ni le *goût actuel*, mais le *goût religieux* dans ce qu'il a d'universel, de grand, de pur, de traditionnel et d'immuable!

XVII. Voilà, Messieurs, ma profession de foi artistique.

XVIII. Pour compléter cette profession de

foi, il me reste à examiner les diverses éditions de chant romain qui, en France, se proposent le triomphe du chant grégorien tel que je viens d'avoir l'honneur de le définir.

XIX. J'en compte quatre principales : celles du P. Lambillotte, de Malines, de Rennes et de Digne. C'est à dessein que je les place dans cet arrangement qui n'est pas le chronologique ; j'observe, Messieurs, non l'ordre des temps, mais celui des idées.

XX. L'édition du P. Lambillotte, publiée par le P. Dufour, faisait pressentir le chant *grégorien pur*. Or, qu'est-il advenu ? c'est que, au grand étonnement de tous les érudits, le P. Lambillotte a consacré les dernières années de sa vie à parcourir les bibliothèques de l'Europe, pour retrouver l'œuvre musicale de saint Grégoire, et que vaincu par l'évidence et la nécessité des choses, il ne nous a laissé qu'une abréviation des mélodies du grand Pape. Ce n'était pas la peine, vraiment, de faire tant d'études et de voyages, pour arriver à un résultat *analogue* à celui qui a été adopté par l'Église à la suite du concile de Trente. C'est ce qui a fait dire à M. l'abbé Cloet (Remarques critiq., *p.* 32) : « Lecteur, » que dites-vous du dénoûment ? Quant à

» nous, l'inconstance humaine nous a habi-
» tué à bien des inconséquences; mais ici,
» vraiment, le volte-face dépasse en prestesse
» toutes les limites du prévu. »

XXI. Le *volte-face* dont parle M. l'abbé Cloet, est si réel, qu'il a dérouté les polémistes les plus consciencieux. Une célèbre discussion toute récente, dans laquelle le P. Dufour n'a pas eu les honneurs de la guerre, nous a montré le modeste et savant Dom Schubiger, bénédictin et maître de chapelle d'Ensiedeln (Suisse), réfutant de bonne foi l'œuvre du P. Lambillotte, comme étant contradictoire avec le but *archéologique* que ce dernier religieux s'était proposé d'atteindre; et l'on n'a pas vu sans un profond étonnement la discussion se terminer par cette conclusion tombée sur la France du haut de la montagne de Notre-Dame-aux-Neiges: « Dès qu'il ne s'agit pas
» d'une *restauration archéologique*, je retire
» mes observations sur ce point, comme
» manquant d'objet, *tout en réservant mon*
» *opinion sur la valeur intrinsèque de l'ou-*
» *vrage* (Réponse de Dom Schubiger au P.
» Dufour, in-8°, juin 1857, *page* 30). » — Mais ce qui a surpris bien davantage, c'est le P. Dufour déclarant dans son *Mémoire*, page 61,

« que ces paroles de Dom Schubiger le dis-
» pensaient désormais de toute discussion...»

XXII. Quoi qu'il en soit, entre le P. Lambillotte, abrégeant *à sa guise* et *individuellement* le chant liturgique de saint Grégoire, et l'Église de France qui a ordonné un semblable travail d'abréviation, il y a deux ou trois siècles, je me demande, Messieurs, où est la plus grande sécurité pour la réussite du travail? je me demande aussi où est la plus imposante autorité morale et scientifique ?

Parce que l'on a bénévolement donné des éloges au P. Lambillotte, tout en le critiquant, le P. Dufour se complait dans la question de *présomption*.

Je demande la permission de m'y complaire aussi. En fait de courtoisie, j'irai aussi loin que les adversaires les plus respectueux et les plus bienveillants de ce religieux : je dirai qu'il avait du génie, du zèle, des intentions magnifiquement pures et droites; mais j'ajouterai : « Le P. Lambillotte a abrégé le chant de
» saint Grégoire, l'Église de France aussi l'a
» fait abréger; pour qui doit être la présomp-
» tion de l'abréviation la mieux faite? Est-ce
» pour l'Église de France? est-ce pour le P.
» Lambillotte? est-ce pour les Prélats agissant

» en vertu du Concile de Trente et servis par » des artistes éminents qui connaissaient le » plain-chant d'une manière admirable, n'é- » tant pas encore troublés par les impérieuses » exigences de la tonalité moderne? ou bien » est-ce pour le bon et excellent jésuite du » dix-neuvième siècle, qui a passé toute sa vie » à propager la plus déplorable *musique*, soi- » disant religieuse, que l'on puisse imaginer? »

XXIII. La présomption! mais, s'il y en a une, n'est-elle pas évidemment, et *a priori*, en faveur de l'influence puissante du Concile de Trente, en faveur des vénérables conciles provinciaux qui ont agi sous cette influence, en faveur de ces savants *anonymes* qui nous ont donné le plain-chant approprié à notre époque, comme de modestes architectes et ouvriers nous ont donné les splendides églises gothiques appropriées à notre culte?

XXIV. J'en demande donc bien pardon à l'ombre du P. Lambillotte : une tradition vivante de trois siècles me paraît infiniment plus respectable, plus forte, plus sûre que son génie, si vanté qu'il soit. Avec cette tradition qui a fixé les bases de l'art liturgique, dans les temps modernes, je trouve l'unité, je la réalise dans le domaine musical, je respecte l'œuvre de l'Église de France elle-même, je sens la puissante influence du plus célèbre des conciles de l'âge moderne de la catholicité, je ne trouble rien dans les notions admises partout en fait de plain-chant, je ne froisse aucun auteur vivant en lui donnant l'expérience et l'avenir pour fonder son œuvre si elle est sérieuse, je ménage les habitudes reçues, enracinées, invétérées parmi nous, et j'entends enfin tout artiste me dire : — « *Vous soutenez une* » *bonne cause!* »

XXV. Ah! Messieurs, s'il y avait quelque chose de bon dans l'entreprise du P. Lambillotte, ce bon pourrait-il jamais compenser la tradition française du chant romain, et l'avantage de l'unité que ce chant nous donne sans froisser aucune habitude soit pieuse, soit musicale? En présence d'une publication individuelle qui défigure ce que nous avons par des abréviations substituées à des abréviations, par des ports-de-voix que les masses n'exécuteront jamais d'une manière même passable, et une mesure tout-à-fait musicale, — quel est l'artiste sérieux qui pourrait abandonner les mélodies traditionnelles pour leur préférer ce qui n'a reçu encore aucune sanction?

XXVI. Je dois, Messieurs, motiver mon opinion à l'endroit de l'œuvre du P. Lambillote, en citant le jugement qu'en a porté un homme dont la science n'est contestée par personne. « La restauration du chant grégorien propo- » sée par le P. Lambillotte, dit M. Stephen » Morelot, n'est point une de ces demi-réfor- » mes comme ce chant en a subi jusqu'à » présent. Depuis l'invention de l'imprimerie, » les modifications apportées au chant ro- » main se sont bornées généralement à des » suppressions de notes plus ou moins con- » sidérables, jusqu'à ce qu'une commis- » sion (1), chargée de préparer une nouvelle » édition de ce chant, ait jugé à propos d'y » réintégrer les notes supprimées. Le P. Lam- » billotte procède tout autrement. Les sup- » pressions de notes ne sont pas le point » essentiel et le trait caractéristique de sa » réforme, *bien qu'il ne s'en fasse point faute*, » et qu'il aille dans cette voie au delà même » de la plupart de ses prédécesseurs. Ce qui » fait le caractère particulier de son système, » ce qui le distingue de tous les autres, c'est

(1) M. Stephen Morelot fait ici allusion à la Commission de Reims et de Cambrai.

» que le plain-chant, qui, suivant la pratique
» universelle, était, comme son nom l'indique,
» dépourvu de toute variété métrique, et ne
» possédait qu'un rhythme essentiellement
» vague, *se trouve soumis au contraire à une*
» *mesure régulière qui l'assimile, de ce côté*
» *du moins, à la musique moderne.* Aussi le
» P. Lambillotte n'a-t-il point hésité à propo-
» ser pour ce chant (qu'il se refuse à nommer
» de son ancien nom), la substitution de la
» séméiographie moderne à l'antique nota-
» tion carrée, qui était en usage depuis le
» douzième siècle. C'est là un point fort se-
» condaire assurément et qui ne touche point
» à l'essence du chant. *Mais ce qui y touche*,
» *et d'une façon des plus compromettantes*,
» c'est l'effet même de ce rhythme auquel le
» R. P. prétend assujettir les mélodies de
» saint Grégoire. Si l'on veut savoir ce qu'elles
» gagnent à cette restauration, on peut es-
» sayer quelques-unes des pièces que le
» P. Lambillotte a insérées dans son *Esthéti-*
» *que* et dans une brochure publiée antérieu-
» rement sous ce titre : *Quelques mots sur la*
» *restauration du chant liturgique*, etc.; on
» aura d'autant moins de peine à se rendre
» compte du mérite du chant ainsi remanié,

» que la notation employée par l'auteur est » plus précise et laisse moins à faire au goût » particulier de l'exécutant. Quant à l'impres- » sion qui en résulte, pour nous du moins et » pour les personnes que nous avons pu con- » sulter, *nous nous abstiendrons de la formu-* » *ler ici, parce que ne pouvant le faire que* » *d'une manière toute sèche et sans justifica-* » *tions suffisantes, nous aimons mieux nous* » *en remettre à l'appréciation des personnes* » *qui ont le goût et l'intelligence du chant ec-* » *clésiastique, et nous savons déjà à quoi nous* » *en tenir sur l'opinion d'un certain nombre* » *d'entre elles à cet égard* (1). »

En vain, le P. Dufour, dans son énorme Mémoire, se bat-il les flancs pour flétrir ceux qui accusent le P. Lambillotte d'avoir mis le plain-chant en mesure musicale; en vain appelle-t-il cette accusation *un parti pris* (p. 32): il ne désavoue en aucune manière le tableau synoptique de la valeur des notes dans le plain-chant, qui a été donné à la page 38 de l'opuscule : *Quelques mots sur la restauration du chant liturgique*, 1855, tableau que voici,

(1) Journal *Le Chœur* de la Société de musique religieuse, publié à Nancy, par M. Joseph Régnier, (Janvier-Février 1857).

et qui ne diffère en rien de ce que les méthodes de musique enseignent à ce sujet :

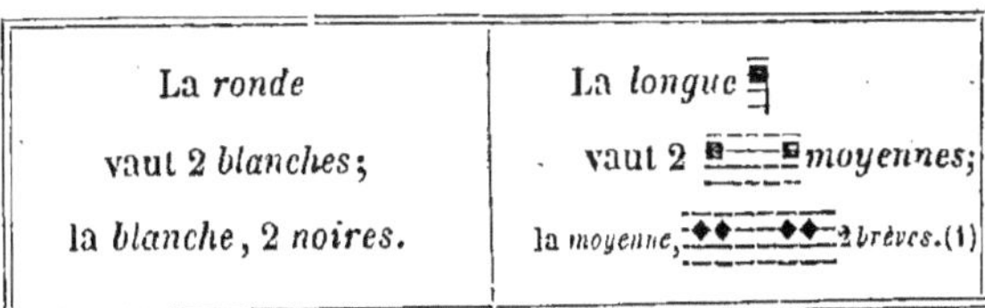

La *ronde*	La *longue*
vaut 2 *blanches*;	vaut 2 *moyennes*;
la *blanche*, 2 *noires*.	la *moyenne*, 2 *brèves*.(1)

Ce tableau, clair comme une table de logarithmes, doit embarrasser le P. Dufour qui se garde bien d'en parler. Quant à la citation de M. Stephen Morelot, que je viens de transcrire, le P. Dufour la néglige aussi, et louvoie comme ferait un habile marin poussé par un vent contraire ou menacé par des rescifs dangereux. Il préfère déclarer que M..... (il évite de le nommer!), est un homme à qui il ne peut prêter telle ou telle arrière-pensée d'amour-propre, de parti pris ; qu'il n'est ni un incapable, ni un froissé, ni un hostile, ni un récusé (Mémoire , *page* 57)..... A la bonne heure ! mais c'est là dire inutilement des injures aux uns, donner des éloges aux autres, et ne se justifier de rien. C'est être rusé, mais non

(1) Voir la même doctrine enseignée en d'autres termes dans la *Pratique du chant grégorien*, etc., par le P. Dufour, (Paris, Adrien Le Clere, 1857, *page* 5.)

logicien; c'est flatter certains adversaires qu'on ne peut ou qu'on n'ose *entamer*, mais non prouver que *le P. Lambillotte n'a point mis en vraie mesure musicale le plain-chant liturgique*, chose qu'affirme M. Stephen Morelot, et que personne au monde ne démentira.

XXVIII. « Je ne sais, dit le P. Dufour, si la » lecture *vraiment pénible à un religieux* de » tout ce qu'on écrit d'étrange en de telles ma- » tières, m'a fait misanthrope avant le temps » (Mémoire, *p*. 57). » — A cela je répondrai : « Mon R. Père, faites des essais, mais ne les » imposez pas ; écoutez les artistes sérieux » qui ont fait leurs preuves, et faites valoir vos » découvertes ou celles du P. Lambillotte » par *de bons moyens ;* soyez conséquent » avec vous-même ou avec votre *maître* : et » la misanthropie ne vous vieillira pas avant » l'âge. » Jusque-là, rien ne fera à la cause du triomphe des idées du P. Lambillotte : on discutera ces idées, et, si elles sont absurdes, tout savant *honorable* ou *non*, *jeune* ou *vieux*, *vicaire* ou *chanoine*, le prouvera et le proclamera... Ce sera son droit.

XXIX. J'arrive à l'édition de chant liturgique de Malines; j'en dirai peu de chose, parce que la propagation de cette édition n'est pas plus à craindre en France qu'en Belgique. Or, dans ce dernier pays, elle n'est adoptée que dans un diocèse, et ici son triomphe n'est guère plus considérable.

Les éditeurs de Malines ont pris pour base de leur travail le *Graduale Romanum*, imprimé à Rome en 1614 et 1615, sous le pontificat de Paul V, et l'Antiphonaire de Liechtenstein, imprimé à Venise en 1579 et 1580.

En suivant la marche qu'ils ont adoptée pour la réimpression de ces livres, les éditeurs de Malines devaient fatalement arriver à une altération complète du chant grégorien :

1° Parce que l'édition, dite de Paul V, n'est elle-même qu'un chant *très-court*, mais *non abrégé d'après les anciens manuscrits*, comme on l'a fait en France, après le Concile de Trente;

2° Parce que le chant lui-même du Graduel de Paul V et de l'Antiphonaire vénitien, loin d'avoir été reproduit *purement* et *simplement*, a été *corrigé* et *bouleversé* d'après un système d'accentuation latine, dont voici la singulière synthèse dans ses rapports avec le chant liturgique : —

« L'accent tonique latin est une marque de
» prolongation dans l'énoncé de toute syllabe

» qui en est pourvue, et, en même temps, une » marque d'élévation de la voix en prononçant ou en chantant cette syllabe.

» Donc, d'après ce double principe, la syllabe accentuée de chaque mot latin doit » être *longue*, et doit aussi porter, dans le » chant, la note *la plus élevée* parmi celles » qui sont attribuées à ce même mot. Il n'y » a d'exception que si toutes les syllabes d'un » mot sont chantées à l'unisson ; alors, il suffit d'appuyer sur la syllabe accentuée.»

D'après cette théorie *subversive de toute mélodie possible*, soit en français, soit en latin, soit en italien, etc., etc., si les éditeurs de Malines ont à noter le mot *vexilla*, par exemple, ils commencent par dire : « Cette seconde » syllabe porte l'accent tonique, donc elle doit » être *longue*, donc elle doit aussi porter la » note la plus élevée du mot. »

En conséquence, au lieu de chanter, comme on l'a fait de tout temps, à l'hymne du dimanche de la Passion :

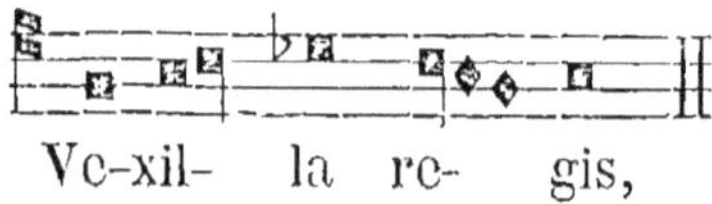

ils trouvent que cela est détestable et notent ainsi ce passage :

Ainsi encore, au lieu de dire, dans le *Credo* des doubles et solennels :

ils prescrivent de chanter :

Il est facile de comprendre, d'après un pareil parti pris que rien ne justifie et qui est d'une réalisation *impossible* en musique, on comprend, dis-je, les milliers de mutilations qu'ont dû faire subir au chant liturgique les éditeurs de Malines. Aussi, je n'insiste point dans ma critique, et je pense que peu de personnes, en France, voudront s'associer à des caprices qui trouvent un démenti formel dans les traditions et dans la pratique de tous les pays du monde.

XXX. Il me reste maintenant à examiner les deux principales éditions de chant liturgique : celle de Digne et celle de Rennes. C'est ce que je vais faire, Messieurs, aussi consciencieusement et aussi brièvement que possible.

XXXI. Les éditeurs de Malines ont la prétention d'être entrés les premiers dans la voie de la restauration du chant grégorien ; mais cette gloire doit être partagée par Mgr Sibour, évêque de Digne, en 1847, — par Mgr Sibour qui, devenu plus tard archevêque de Paris, devait donner un martyr de plus à la sainte cause de la religion !

M. Repos, éditeur à Digne, pressant de sollicitations son digne et pieux évêque, obtint de l'illustre Prélat, le 17 avril 1847, l'autorisation de faire, à la préfecture de cette ville, la déclaration d'un livre qu'il allait imprimer sous le titre de *Graduel et Vespéral romains*, 2 vol. in-12, *en un seul*, et qui, reliés, se vendirent ensemble 3 fr., — prix fabuleusement modique, on en conviendra.

Depuis cette époque, M. Repos n'eut qu'un but : celui de mettre le chant romain à la portée des plus pauvres paroisses. Entré courageusement dans la voie qui devait bientôt tout entraîner vers le retour à la liturgie romaine, il aurait pu spéculer sur cette circonstance heureuse que son génie d'éditeur avait su saisir, mais il n'en fit rien : il avait entrevu que la Providence lui imposait une œuvre utile à la religion, une véritable mission morale ; en conséquence, il s'attacha à cette œuvre, à cette mission, avec un courage et une énergie que rien ne put ébranler, et que la piété des évêques de France se plaît à bénir et à sanctionner depuis longtemps.

XXXII. Le 25 janvier 1853, une commission régulière nommée et présidée par Mgr Meirieu, évêque actuel de Digne, présentait un rapport détaillé sur les améliorations apportées à l'édition primitive de M. Repos. Ces améliorations avaient été réalisées par cette commission elle-même. Le chant romain n'y était pas le fruit d'un système moderne ; loin de là : on avait laissé de côté toute espèce de parti pris, et l'on s'était attaché à recueillir le chant traditionnel *le plus pur* dans les éditions qui en avaient été faites, à Toul, par les frères Le-Belgrands, en 1624, — à Paris, en 1671, — à Lyon, par Valfray, en 1691, — à Grenoble, par Pierre Faure, en 1735, — à Lyon, par Aimé de La Roche, en 1763, — à Avignon, par Niel, en 1788, etc..

XXXIII. Qui n'admirerait ici le tact et la science des membres de la commission de Digne qui, les premiers en France, avaient su mettre le doigt sur la véritable réforme qu'il y avait à faire pour revenir à *l'unité liturgique* et au CHANT ROMAIN, le seul admissible dans les temps modernes! Qui n'admirerait leur prudence, leur zèle et leur modestie dans le choix d'une thèse qu'ils défendaient *instinctivement*, et qui, plus tard, fut élevée à la hauteur d'une grande doctrine scientifique par un homme dont personne, en Europe, ne conteste la profonde érudition musicale! Mais ce qu'il faut admirer également, c'est l'obstination de M. Repos à ne point faire, de ses éditions, une spéculation *mercantile*, mais une œuvre de dévouement, d'abnégation, de propagande! C'est là le beau côté d'un rôle qui a échappé aux critiques du chant de Digne. La typographie et les accessoires y laissaient à désirer, sans doute; mais il s'agissait de produire du bon marché, d'être utile au pauvre clergé, aux paroisses sans ressources, et, dans de telles conditions, le luxe et la perfection ne devaient point entraver le but si grand et si noble que se proposait l'éditeur. De plus, quand on commence, quand on prend l'initiative d'une vaste entreprise, quand les actes précèdent la critique, — il y a toujours à craindre d'être surpassé par de nouveaux venus; mais aussi, quand les derniers venus ont dit leur mot, il est extrêmement facile de perfectionner les droits de son initiative.

XXXIV. C'est ce qui arrive, Messieurs, et c'est ce que l'infatigable M. Repos a parfaitement compris. Aussi, il a quitté Digne, il s'est provisoirement établi à Paris. Pour *obéir* à la commission qui ne cesse de le diriger, il a fait appel à tous les hommes d'érudition qui comprennent et approuvent l'œuvre de Mgr Meirieu, et il remet aujourd'hui sous presse une édition qui, autant que nous pouvons en juger par le programme et le spécimen qu'il en a donnés, sera certainement le chef-d'œuvre de tout ce qui existe en fait de *chant romain* traditionnel. Le fonds du travail primitif de la commission de Digne ne sera point ébréché; mais toutes les améliorations pratiques et typographiques, proposées dans ces derniers temps et légitimées par les discussions récentes, y seront mises à exécution avec un soin minutieux, et en rapport avec les nombreux conseils que l'on a sollicités et obtenus de toutes parts.

XXXV. Les livres liturgiques de Rennes se proposent aussi de reproduire le chant romain traditionnel en France, et, pour être juste, je dois dire que M. Théodore Nisard, qui en a dirigé l'impression, a fait une œuvre parfaitement soignée et tout-à-fait consciencieuse; son éditeur ne saurait lui en témoigner assez de reconnaissance. Mais la tradition du chant n'y est pas aussi pure, à beaucoup près, que celle qui sereflète dans l'édition de Digne *comme dans un miroir fidèle*. Le rhythme, surtout, n'y laisse voir aucune trace: c'est l'égalité des notes dans toute sa crudité *comme notation*, abandonnée à la merci du premier chantre venu. Pas le moindre indice pour diriger le goût des exécutants; pas la plus petite marque graphique qui interrompe la monotonie du regard, avant-coureur de la monotonie de l'exécution. Avec cette édition, si l'on a affaire à des artistes, le mal n'est pas grand; mais si l'on s'adresse aux masses, pas de guide, pas d'inspiration, pas d'animation ni de vie. Et j'ajoute: s'il faut chanter en chœur, c'est l'incertitude, c'est l'arbitraire, c'est la liberté sans frein remplaçant un mode d'exécution qui doit être tracé d'avance avec ordre et sagesse.

XXXVI. S'il fallait préciser le caractère des

différentes éditions qui se disputent aujourd'hui le terrain, je dirais que l'édition de Malines est, tout aussi bien que celle de Paul V, un vrai *squelette*, — celle du P. Lambillotte, une pitoyable contrefaçon de la musique moderne, — celle de Reims et de Cambrai, une sorte de vêtement dont l'ampleur démesurée dissimule mal les défauts de la personne qui le porte, — celle de Rennes, un véritable pendule qui, par sa rigueur, désespère l'auditeur et le chanteur, — et enfin, celle de Digne, un moyen terme sage et prudent entre le trop et le trop peu : *In medio stat virtus.*

En un mot, et je ne crains pas de le dire, Digne n'est ni M. l'abbé Tesson, ni le P. Lambillotte, ni M. Duval, ni M. Nisard : Digne ne représente aucune personnalité, aucun système, aucun parti pris, aucun amour-propre d'auteur vivant : c'est la tradition, *c'est la sagesse de nos pères*, — je dis le mot, tel que l'a dit un de nos vénérables archevêques.

J'incline donc, et vous inclinerez tous comme moi, Messieurs, pour l'édition de Digne, non pas considérée à son état de premier jet, mais au point de vue des améliorations admirables qu'on lui fait subir en ce moment, et qui, sans en changer la nature, en feront le véritable chef-d'œuvre liturgico-musical des temps modernes, en France.

Vous m'accuseriez d'ingratitude, Messieurs, si, en terminant ce *Mémoire*, je ne vous disais que ce qui m'a surtout encouragé dans la défense de cette cause que je crois la seule véritable et possible aujourd'hui, c'est la confiance dont a daigné m'honorer le docte et saint Pontife qui préside aux magnifiques destinées de ce diocèse. C'est à sa bienveillance, vous le savez tous, Messieurs, que je dois l'honneur d'avoir plaidé devant vous la cause du *chant traditionnel en France* : c'est à sa bienveillance que je dois le poste honorable dans lequel il lui a plu de me placer. Je ne saurais inaugurer, sous de meilleurs auspices, les nouvelles fonctions que je suis appelé à remplir dans votre insigne cathédrale, qu'en plaçant aux pieds de Mgr l'Archevêque que tous aiment et vénèrent, et le témoignage public de ma vive et profonde reconnaissance, et ma conviction intime que l'adoption des livres de la commission de Digne, dans ce diocèse, comblera les vœux des fidèles qui seront heureux d'y retrouver le chant auquel depuis longtemps ils sont habitués, et sera en même temps le signal du triomphe de notre sainte cause, l'unité de la liturgie et du chant ecclésiastique dans toute la France!

Auch, 21 Septembre 1857.

Aloys-M. KUNC,

Maître de Chapelle de la Cathédrale.

NOTES

JUSTIFICATIVES ET EXPLICATIVES.

NOTE A.

(Page 25.)

En citant les paroles du cardinal Patrizzi, je n'ai garde d'en faire une arme contre le pieux et vénérable archevêque de Besançon. Ce rôle ne va ni à mon esprit ni à mon cœur : d'autant plus qu'en revenant aux livres de chant liturgique édités par le célèbre Jean Millet, sous le pontificat d'Antoine-Pierre de Grammont, Monseigneur de Besançon ne ferait qu'adopter une des formes du chant romain-grégorien traditionnel en France. Loin donc d'être en opposition avec le désir de Pie IX, Monseigneur Mathieu serait, au contraire, en parfaite conformité avec ce désir. Que certaines personnes s'avisent de contester cette vérité, cela se conçoit jusqu'à un certain point ; mais nous ne les imiterons pas. Nous dirons plutôt avec M. l'abbé L. Besson, supérieur du collége de Saint-François-Xavier, à Besançon : — « Le P. Lambillotte que foudroie M. Jules Bon-» homme, a eu un bref du Pape aussi bien que M. Lecoffre » dont M. J. Bonhomme prend la défense. M. Duval a le » sien en l'honneur du chant de Malines, aussi bien que » M. Lecoffre en l'honneur du chant de Reims, et, *si cela* » *prouve quelque chose de plus*, il a reçu de plus que les

» autres une médaille d'or à l'effigie de Pie IX. On sait que » Monseigneur d'Arras a fait porter au Souverain-Pontife » *une longue lettre* dans laquelle il demandait qu'aucune » édition, pas même celle de Reims, ne fût approuvée par » Rome, mais qu'on se félicitât provisoirement des décou» vertes faites par ceux qui étudient les traditions de » l'Église. Pie IX, en effet, n'a pas approuvé le chant de » Reims, *ce qui n'était pas difficile à obtenir;* mais il n'a » pas non plus félicité M. l'abbé Bonhomme sur *ses décou» vertes*, et il s'est contenté de donner *les louanges qu'ils » méritent à TOUS ceux qui se font gloire de consacrer avec » zèle et conscience leurs soins, leurs travaux, leurs études » à la restauration du chant grégorien.* L'ÉCOLE DE REIMS » DEMANDAIT UN ÉLOGE SPÉCIAL; ROME A RÉPONDU EN FAISANT » L'ÉLOGE DE TOUTES LES ÉCOLES. (Journal *La Voix de la » Vérité*, n° du 24 novembre 1857). »

ALOYS-M. KUNC.

NOTE B.

(Page 56.)

M. l'abbé Cloet, défenseur obstiné de l'édition Rémo-Cambraisienne, dit quelque part :

« Quand M. Vitet signe un article, on est sûr d'y trou» ver des choses pleines d'intérêt, dites avec une urbanité » exquise et infiniment d'esprit (*Remarques critiques sur » le Graduale Romanum du P. Lambillotte*, Paris, in-8°, » 1857, *page* 109). »

Or, voici le jugement que porte M. Ludovic Vitet, sur l'œuvre de Reims et de Cambrai.

« S'il ne s'agissait ici que d'une simple spéculation pri» vée, le mieux serait de n'en rien dire; mais c'est avec » l'assentiment et sous l'autorité de deux Prélats, c'est » sous l'approbation d'une commission choisie et instituée » par eux, que cette édition a vu le jour. Dès lors, il n'est

» pas sans intérêt d'examiner quelle en est la valeur, et s'il
» convient qu'un tel travail soit adopté ou imité dans les
» autres diocèses. Nous n'avons pas besoin de dire que
» les deux Archevêques de Reims et de Cambrai sont ici
» hors de cause. Ils n'ont point agi par eux-mêmes; ils
» ont eu recours aux lumières d'une commission, ou plu-
» tôt de deux commissions nommées d'abord séparément,
» puis réunies, et travaillant en commun. Les membres
» de cette commission sont donc seuls responsables de
» ce qui a été fait.

« Et notez bien que nous n'aurions pas eu mot à dire
» s'il s'agissait d'une œuvre scientifique. Traduire et im-
» primer en notation moderne le plain-chant du manu-
» scrit de Montpellier, c'était une entreprise, sinon de
» grande utilité, du moins fort agréable aux amateurs de
» raretés musicales, pourvu, toutefois, que la traduction
» fût bonne, question que nous laissons de côté. Mais l'in-
» tention des deux Prélats n'était pas de complaire à quel-
» ques archéologues. Le livre qu'ils voulaient, qu'ils
» demandaient à la commission, était un livre tout prati-
» que, un livre usuel, un Bréviaire noté. Dès lors, avant de
» substituer aux textes en usage un nouveau texte musi-
» cal, si vénérable qu'il fût, il fallait s'être assuré que,
» dans l'état actuel du culte catholique, ce texte pouvait
» être chanté; qu'il était compatible avec les habitudes,
» avec l'éducation des chantres et du public; que, dans
» tous les cas, on pouvait en attendre des effets meil-
» leurs, plus purs, plus simples, plus religieux, que
» de notre plain-chant actuel, quelque imparfait qu'il
» soit. Voilà ce qu'avant tout il fallait constater. Tous
» les feuillets du manuscrit eussent-ils été signés de
» saint Grégoire lui-même, il n'y avait ni profit ni raison
» à les traduire et à les imprimer, s'ils devaient, sur nos
» lutrins, n'être qu'une lettre morte; si, pour l'infirmité de

» nos voix, de nos oreilles, ou pour toute autre cause, » nous étions hors d'état d'en tirer aucun parti.

« C'est là pourtant ce qui arrive. Nous ignorons si, à » Reims et à Cambrai, on possède des secrets inconnus » à Paris; mais, jusqu'à preuve contraire, nous croyons » qu'en aucun lieu du monde on ne peut aujourd'hui exé- » cuter *d'une façon tolérable* les passages du nouveau *Gra-* » *duel*, qui diffèrent essentiellement de ces mêmes passa- » ges pris dans les livres autorisés jusqu'ici. Qu'on fasse » appel à tous les sectateurs des idées de restauration » pure et de plain-chant primitif, eussent-ils la voix la » plus juste, l'intonation la plus sûre, le sens musical le » plus exquis, ils n'en sauraient venir à bout Nous les » mettons au défi de phraser et de rendre intelligibles » ces interminables périodes, surtout s'ils chantent en » chœur comme le veut le rit actuel de l'Église. Malgré les » *barres de repos*, malgré l'inégalité des notes, malgré » tous les moyens d'accentuation *inventés* par la commis- » sion, jamais ils ne donneront la vie à ces redondantes » séries de notes agglomérées sur une même syllabe, et » se balançant à satiété de degrés en degrés sans qu'il » soit possible d'en saisir le dessein ni l'intention......

« La commission (de Reims et de Cambrai), dans son » Mémoire justificatif comme dans son travail, a constam- » ment oublié deux choses: *ce qu'étaient nos pères au* » *septième siècle, ce que nous sommes aujourd'hui*. Si seule- » ment elle eut jeté les yeux froidement, sans enthousias- » me, sur les irrévocables changements accomplis dans » ce long intervalle, elle n'eût pas tardé à reconnaître » qu'elle poursuivait une chimère: la théorie aussi bien » que l'histoire le lui aurait à l'envi démontré. »

Ludovic VITET.

(*Journal des Savants*, février 1854).

NOTE C.

(Page 36.)

« Si vos désirs sont à leur comble, dit M. Adrien de la
» Fage aux restaurateurs Rémo-Cambraisiens; si le type
» de la perfection qui s'offrait à votre esprit est tel que
» vous l'attendiez, croyez-vous que chacun, croyez-vous
» que plusieurs, croyez-vous que quelqu'un serait de votre
» avis? et que nos oreilles se façonneraient à un pareil sys-
» tème mélodique, à des enjolivements dans la manière
» du neuvième siècle, qui pouvaient être de mise du temps
» de Charles le Chauve, mais qui ne le seraient plus à
» présent? Grand Dieu! il n'y a déjà dans le plain-chant
» que trop de passages offensants pour les musiciens qui,
» nourris dans la tonalité moderne, ne peuvent par exem-
» ple concevoir des modes dépourvus de note sensible, et
» ne comprennent pas davantage ceux où la note sensible
» semble placée sur un degré autre que le septième; or,
» il n'est en ceci question que de l'essence même du plain-
» chant: que sera-ce si, à ce qui se montre aujourd'hui
» incorrect et même dur et barbare, vous ajoutez pour
» l'exécution des accessoires que leur étrangeté, leur bi-
» zarrerie, leur mauvais goût a fait partout rejeter à plus
» ou moins juste titre et depuis plus ou moins longtemps,
» mais enfin qui sont aujourd'hui tombés en désuétude et
» bannis de toute exécution convenable. EN VÉRITÉ, VOUS
» VOUDRIEZ RENDRE LE PLAIN-CHANT RIDICULE, QUE VOUS NE
» VOUS Y PRENDRIEZ PAS AUTREMENT. »

(*De la reproduction des livres de plain-chant romain*, in-8°, 1853, *pages* 64-65, § XXXIV.)

« Disons franchement le mot: le plain-chant, dans l'état
» actuel de l'art musical, n'est supportable qu'autant qu'il
» est court. »

(*Ibid.*, page 73.)

Le passage de M. Ludovic Vitet prouve que la commission de Reims et de Cambrai rend le plain-chant *impossible.*

Le passage de M. Adrien de la Fage prouve que cette commission rend le même plain-chant *ridicule.*

Impossible! ridicule! donc *impopulaire!*

Aloys-M. KUNC.

NOTE D.

(Page 36.)

« Tirez des vieux manuscrits et publiez de l'ancien
» plain-chant dans son état primitif, nous vous en rendrons
» grâce et nous étudierons avec le plus grand soin ces
» pièces au point de vue historique; il se pourra bien que
» notre appréciation ne soit pas toujours la même, notre
» but et nos motifs étant différents; n'importe, ces mor-
» ceaux conserveront leur valeur, s'ils en ont; car il s'en
» faut que toutes les pièces de plain-chant soient d'un prix
» égal. *Mais nous proposer de faire de ces pièces un usage*
» *journalier, nous n'en voulons rien entendre. Ce qui lui*
» *donnait une véritable importance, c'est-à-dire l'exécution*
» *à la manière des anciens, ne s'y rencontre plus, ne saurait*
» *plus revivre; cette exécution revivrait-elle, nous n'en vou-*
» *drions plus, de même que, dans la conversation, nous nous*
» *soucierions peu aujourd'hui d'entendre parler le latin*
» *barbare des moyens temps, ou le français de Louis-le-*
» *Hutin; de même que nous refuserions d'endosser des vête-*
» *ments bigarrés mi-partis rouges et mi-partis jaunes dont*
» *nos pères admiraient l'élégance et le bon goût.* »

Adrien de la FAGE.

(*Ouv. cité*, pages 73-74, § XXXVII.)

NOTE E.

(Page 36.)

Les abréviations mélodiques opérées dans le plain-chant, à la suite du Concile de Trente, coïncident avec la fameuse époque dite *Renaissance*.

La *Renaissance* est, pour quelques esprits catholiques, l'HYDRE DE LERNE....

Cependant, certains ennemis de la *Renaissance* ont toujours, sous la plume, des expressions, des comparaisons et des faits empruntés soit à la mythologie, soit au classicisme de l'antiquité païenne.

Le P. Dufour dit malicieusement à ce sujet : « Les clas- » siques païens nous ont tous bien gâtés ! » (*Mémoire*, page 15.)

Ovide enfant était châtié par son père, parce qu'il faisait des vers. Tout en demandant pardon à son père, l'enfant né poëte joignait ses mains et s'écriait, en faisant un bel et bon vers :

« *Parce mihi, numquam versificabo, Pater !* »

Les ennemis de la Renaissance dont nous parlons, ont quelques traits de ressemblance avec le PETIT Ovide; dans tous les cas, leurs colères contre la *Renaissance* ne servent pas à grand'chose, surtout en fait de plain-chant.

A cette époque, on a ABRÉGÉ le plain-chant et prescrit l'observation générale de l'ACCENTUATION LATINE. Ce sont nos vénérables évêques eux-mêmes qui ont ordonné ces deux choses, après le Concile de Trente. S'il y a des coupables, ce sont donc les évêques, et non la renaissance; ce sont les nécessités impérieuses des temps modernes, et non celles des temps païens Et c'est ce qui a fait dire, avec beaucoup de raison, au P. Dufour : « *Les abréviations » incriminées tiennent à une question d'opportunité dont » la fatale renaissance n'a pu vicier la solution* (Mémoire, » *page* 3.) »

ALOYS-M. KUNC.

NOTE F.

(Page 43.)

« On me demande (*Remarques critiques* de M. Cloet, » page 28), comment j'ai pu connaître, en fait de neumes » prolongés, le goût et la sympathie des fidèles, puisque » depuis trois cents ans, on chante partout les mélodies » réformées. On ajoute, dix lignes plus bas, que les Gra- » duels Rémo-Cambraisiens, *édités depuis* 1851, sont exé- » cutés en bon nombre de diocèses. — La réponse n'est » pas loin de la question. »

(*Mémoire du* P. Dufour, p. 8.)

BIBLIOTHÈQUE IMPÉRIALE IMPR.

FIN

TABLE DES MATIÈRES.

BIBLIOTHÈQUE IMPÉRIALE
IMPR.

FIN DE LA TABLE.

DIGNE, TYPOGRAPHIE REPOS, COURS DES ARÈS, 5.

Ouvrages du même Auteur.

15 MOTETS

POUR LES FÊTES

DE NOTRE-SEIGNEUR ET DE LA SAINTE VIERGE,

DE 1, 2 ET 3 VOIX,

AVEC ACCOMPAGNEMENT D'ORGUE OU HARMONIUM.

Nº 1. **Ave verum,** Solo de Basse.	3 fr.	»
Nº 2. **Pater noster,** Duo de Tenor et Basse.	4	50
Nº 3. **Domine ne memineris,** Solo et Chœur.	3	»
Nº 4 **Pastores erant vigilantes,** Trio et Solo.	3	»
Nº 5. **O Cor Amoris Victima!** Chœur, Solo et Duo.	4	50
Nº 6. **Quid retribuam Domino!** Chœur, Duo et Solo.	4	50
Nº 7. **Veni Sancte Spiritus,** Solo et Chœur.	4	50
Nº 8. **O Salutaris Hostia,** Trio pour 3 voix Soli.	4	50
Nº 9. **Jam desinant suspiria,** *Offertoire pour le jour de Noël,* Chœur et Solo.	6	»
Nº 10. **Surge illuminare Jerusalem!** Solo et Chœur.	4	50
Nº 11. **O quam tristis et Afflicta!** Duo, Tenor et Basse.	4	50
Nº 12. **Tota Pulchra es Maria!** Chœur, Solo et Duo.	4	50
Nº 13. **Regina cœli lætare,** Chœur à 3 voix.	3	»
Nº 14. **Ave Maria,** Solo et Chœur.	4	50
Nº 15. **Ave Maria,** Solo de Soprano ou Tenor.	3	»

Pour paraître prochainement :

32 Cantiques à Marie Immaculée, pour le Mois de Marie, *à 2 et 3 voix.* — Accompagnement d'orgue ou harmonium. Paroles et Musique nouvelles.

MUSIQUE POUR PIANO.

Paris, Brandus, Dufour et Cie, *rue Richelieu,* 103.

Op. 1. **Heureux échange,** Harmonie.	4	»
Op. 4. **Soyez heureux,** Romance sans paroles.	5	»
Op. 6. **Une Procession au Village,** Fantaisie originale.	6	»
Op. 7. **Isolement,** Rêverie.	5	»
Op. 8. **C'était un rêve!** Orientale.	6	»
Op. 9. **1er Nocturne.**	6	»
Op. 10. **2e Nocturne.**	6	»
Op. 11. **Paula-Auscitana,** Étude.	6	»

Morceaux pour orgue dans l'Album d'un Organiste catholique, publié par M. Grosjean, organiste de la Cathédrale de Saint-Dié.

Offertoires, Elévations, Communions, etc.

DIGNE, TYPOGRAPHIE REPOS.

www.ingramcontent.com/pod-product-compliance
Lightning Source LLC
LaVergne TN
LVHW020433230826
846091LV00004B/1484

* 9 7 8 2 0 1 9 9 7 0 0 5 5 *